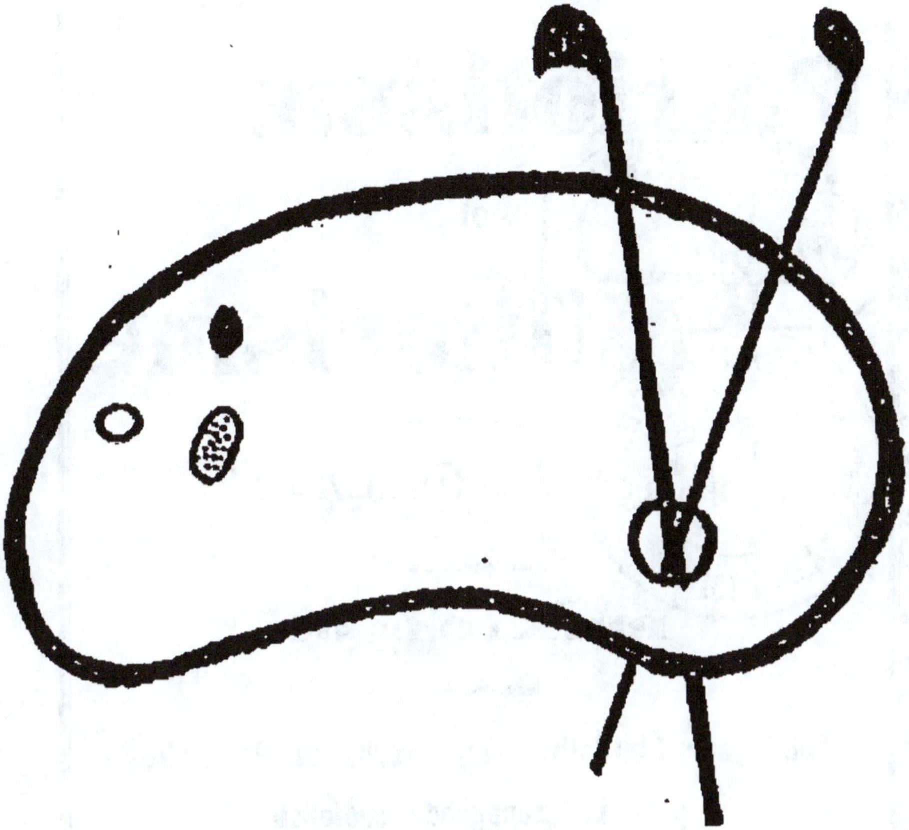

COUVERTURE SUPERIEURE ET INFERIEURE
EN COULEUR

1900

Patriotisme

et

Militarisme

PAR "Un Esclave"

PRIX : 0 fr. 60

Publié sur l'initiative d'un Groupe de Prolétaires

pour la propagande socialiste

L'humanité seule est
grande, elle est infaillible.
Or, je crois pouvoir le dire
en son nom : L'humanité
ne veut plus la guerre.

P. J. Proudhon.

La Paix est en effet insé-
parable de la liberté, comme
le despotisme enfante né-
cessairement la guerre.

Jules Barni — 1867.

IMPRIMERIE ÉCONOMIQUE OUVRIÈRE

de Marseille, angle Place de l'Église — Pont-du-Las — Toulon

PATRIOTISME

ET

MILITARISME

PUBLIÉ SUR L'INITIATIVE D'UN GROUPE DE PROLÉTAIRES
pour la propagande Socialiste

PATRIOTISME

ET

MILITARISME

Par " UN ESCLAVE "

L'humanité seule est grande, elle est infaillible. Or, je crois pouvoir le dire en son nom: L' Humanité ne veut plus la guerre. P. J. Proudhon	La Paix est en effet inséparable de la liberté, comme le despotisme enfante nécessairement la guerre. Jules Barni -1867-

1900

AU LECTEUR

*Attaché à un gagne-pain, je me cache en jetant le cri de ma conscience, je suis « **Un Esclave.** »*

Ma personnalité importe peu du reste, et ma modeste brochure n'est pas destinée à franchir les espaces. Je souhaite seulement que les vérités que j'y exprime, peut-être mal, puissent être salutaires aux rares personnes qui me liront.

*En dehors du sentiment d'humanité qui réprouve le militarisme et ses excès, il est une considération d'ordre pratique que le peuple ne doit jamais perdre de vue. Tant qu'il n'aura pas imposé à ses mandataires, en tête de leur programme, « **la Guerre sans merci au Militarisme** », il aura contre lui les baïonnettes, son idéal ne se réalisera pas. Il restera le jouet des ambitieux, qui le berneront par de belles paroles, jusques au jour, où il ira s'abimer dans le Césarisme.*

Juin 1900.

PATRIOTISME ET MILITARISME

I

Raison Sociale : Eglise et Bourgeoisie

De tous les dogmes imposés à la mentalité inconsciente des foules, le patriotisme est certainement le plus mensonger et le plus immoral.

Les dominations successives qui se sont appesanties sur les Sociétés ont toujours revêtu un caractère sacré ou mystérieux. Depuis la religion des druides, ces prêtres barbares et sanguinaires, jusqu'au patriotisme, en passant par le catholicisme inovateur du droit divin, l'humanité a marché de mensonge en mensonge, elle a pu changer de maîtres, elle n'a pas changé de chaine.

Combien est triste ce passé, où les hommes perdus dans leur nuit marchaient aux servitudes physiques et morales avec l'inconscience absolue de leur dignité.

Voyons-les au Moyen-Age, courbés sous la main odieuse du pontife romain, nous les entendons répéter le cri de Haine et de Mort : « Hors de l'Eglise point de salut ! » ; et nous assistons à ce spectacle étrange d'une religion d'amour donnant, comme but principal de la vie, la vénération de Dieu, en pratiquant le mépris de l'homme. Cette époque lamentable et sombre, dominée toute entière par l'Eglise omnipotente ne nous apparaît, malgré l'obscurité, qu'à travers les bûchers, les massacres et les guerres.

Comment les peuples ont-ils pu traverser ces souffrances, et ces calamités, sans qu'un cri de révolte ou même de douleur soit parvenu jusqu'à nous ? L'ignorance est la seule raison. Le dogme d'arbitraire divin, alors dans tout l épanouissement de son immoralité, avait atrophié les cerveaux, et l'esprit humain, non fécondé, n'avait pu dissiper les ténèbres épaisses où vivaient les Sociétés.

Mais nous, qui avons recueilli l'effort de tous les siècles, nous qui vivons en pleine lumière, en plein jour, comment avons-nous pu suivre cette tradition, en adorant toujours de faux dieux, en embrassant un nouveau culte menteur ?

Quoique notre imagination se soit, en quelque sorte, affranchie des superstitions grossières, l'atavisme de servitude qui est en nous, après nous avoir donné la religion surnaturelle, fait germer, dans les âmes restées avilies, une religion contre nature, le patriotisme.

Ce n'est pas impunément que nous aurons rompu la chaine du passé ; l'Eglise nous tient. Le grand réveil de la raison humaine, repoussant toutes les croyances menteuses, l'épouvante, mais ne la fait pas reculer. Elle sent que ces dogmes bâtards et ridicules sont impuissants à assurer son règne définitif sur les multitudes éclairées, aujourd'hui, par l'éclatant soleil de la science; et, décidée à vivre quand même, elle continue la lutte. Elle a assis pendant des siècles, sa puissance sur le principe monstrueux du droit divin : elle exploite maintenant le patriotisme et l'impose comme un dogme.

La Bourgeoisie représentant dans la Société actuelle le pouvoir temporel, l'Eglise est allée à elle, et a conclu alliance en ces termes :

« Tu as brisé l'ancien régime, et tu as pris sa place ; tu m'as dépouillée de mes biens, que tu as décrétés nationaux, et tu t'en es emparée. Tu t'es élevée et enrichie. Mais prends garde ! Ton pouvoir est défaillant, ta richesse est illusoire. Un prolétariat avide de conquérir sa place au soleil, n'attend que l'occasion pour te chasser, comme tu as chassé tes anciens maîtres. Donne-moi ta main, enfant prodigue, et reviens à ta Sainte-Mère. De tout le passé écoulé, moi seule, demeure ; et, crois-moi, si tu ne te cramponnes pas à mes bras solides, tu seras balayée par la tempête. Je veux que tu jouisses librement de tes richesses et que tu règnes par elles.

« J'ai une vieille arme de combat, qui m'a servi longtemps, mais qui n'est pas émoussée : la Haine. Divise les hommes et tu domineras.

« En revanche, la Sainte-Mère ne demande que ton amour. »

Et, phénomène curieux, la Bourgeoisie qui avait lu Voltaire retourna à la messe. l'Église qui n'a pas de patrie, l'Église, surnommée justement l'Internationale noire, (1) se fit patriote.

---

(1) On peut dire que pour l'Église, il en est du patriotisme comme de la religion : elle s'en sert, et s'en moque. N'ayant d'attache qu'avec Rome, dominée par les jésuites qui ont à leur tête un général allemand, son patriotisme nous est plus suspect. Nous pouvons même dire que le seul sentiment qu'elle éprouve pour la France, ne peut-être que la haine. Elle lance l'anathème à quiconque prétend *que le pontife romain doit se réconcilier et transiger avec le progrès, le libéralisme et la civilisation moderne ;* la France agent indispensable dans le monde, de progrès, de libéralisme et de civilisation, ne peut échapper à la malédiction, dont elle se moque bien du reste. Les *Monita Secreta* des jésuites qui datent de 300 ans enjoignent aux membres de la Société d'oublier leur patrie « le lieu de la naissance ne leur offre aucun intérêt particulier. »

Cette doctrine a été confirmée le 9 février 1900 par la *Voce della Verità,* organe du Vatican.

« Le résultat immédiat de la possession d'un tel cœur sera que

II

Du Patriotisme au Militarisme

Le Patriotisme ! que peut être cette formule, base de toutes les nations, dans cette fin de siècle, qui aurait dû cimenter la fraternité universelle.

Comme le dogme catholique qui prend sa source dans le christianisme, on peut considérer le patriotisme comme remontant à la Révolution Française. Quelle contradiction ! Les deux efforts régénérateurs de l'humanité donnant naissance à leurs négations. De même, que Loyola est la caricature de Jésus, que le rêve de fraternité et d'amour du Nazaréen, aboutit au cauchemar de l'Inquisition, de même, le principe patrie devient l'ironie de la Déclaration des Droits de l'Homme et du Citoyen.

Au moment où la France donnait au monde le beau spectacle de 89, les monarchies européennes, effrayées

---

« chaque individu *tiendra pour suspecte cette affection qu'il* « *entretient pour sa nation particulièr*.

« Il doit réfléchir que, quand le Seigneur a consacré un vrai « ministre de l'Evangile et un parfait chrétien, la première chose « qu'il a exigée de lui a été de *détruire immédiatement toute* « *affection particulière qu'il pouvait éprouver pour ses parents,* « *sa patrie et sa race.*

L'internationalisme de l'Église n'est fait ni d'humanité, ni de fraternité, ni de solidarité; il ne tend qu'à un but, l'ultramontanisme, (domination universelle du pape), avec comme intermédiaire le césarisme, idéal de nos patriotes.

de ce vent de liberté, qui après avoir soufflé sur la France, irait balayer leurs trônes, répondirent à l'appel de Louis XVI et de la noblesse Française, dont les fils sont devenus les représentants du patriotisme, en lançant leurs armées contre la Révolution. Et alors, le peuple de France, voyant sa jeune liberté menacée, se leva en masse, et courut à la frontière, défendre non pas le territoire, la Révolution avait proclamé la fraternité des peuples, mais l'Idée menacée par la Réaction. Et c'est par opposition à la Contre-Révolution, émigrés, suspects, tout ce qui faisait appel à l'étranger contre la République, que les citoyens de 92 s'intitulèrent patriotes.

A cette époque, le mot était beau, l'Idée était grande, car la patrie que ce peuple défendait, s'appelait Justice-Liberté, et n'avait pas de frontières.

Dix-huit brumaire éclate. La France ne symbolise déjà plus la Révolution. L'Idée généreuse d'émancipation fait place au principe autoritaire, et la force brutale incarnée par Napoléon, prime la pensée. Dès lors, l'idée pure de patriotisme subira fatalement une altération due à l'état de guerres et de conquêtes qui est toute l'histoire du premier empire, et n'indiquera qu'un méprisable idéal de gloire militaire.

Il n'y aura plus qu'un pas pour tomber dans le militarisme qui se dresse, encore aujourd'hui, comme un défi à la conscience et à la raison humaine.

III

Militarisme et Démocratie

Que la classe bourgeoise et capitaliste jette le peuple dans la servitude militaire, cela s'explique. Ayant à sauvegarder et à défendre l'organisation sociale actuelle, dont elle vit, et dont elle est la seule raison d'être, elle se prépare à opposer une digue au flot populaire qui monte chaque jour, lentement, mais sûrement. Elle sent que l'iniquité ne saurait avoir une durée illimitée, et c'est la logique implacable qui le veut, l'arbitraire ne pouvant se maintenir que par le crime, l'armée devient sa suprême ressource en cas de danger.

Ce n'est pas seulement dans le passé lointain de sa longue et douloureuse histoire que le peuple trouverait un enseignement salutaire. Dans tous les conflits récents qui ont surgi entre le Capital et le Travail, l'armée s'est toujours dressée entre eux, avec le masque menteur de la Loi, mais en réalité, comme la protectrice des exploiteurs contre les exploités.

Fortifiée par le peuple pour sa défense, elle tourne ses armes contre lui. Fourmies, La Martinique sont des noms qui sonnent lugubrement, et restent comme un avertissement sanglant à tous les malheureux en quête d'émancipation et de justice.

Hier encore, toute la Réaction, confiante dans son armée, n'attendait-elle pas, avec impatience, la fusillade des grévistes de Carmaux, escomptant, avec joie, la chute du ministère de défense républicaine.

Le peuple, connaît-il ce document officiel du ministère de la marine.

Tableau des Campagnes modernes (1)

Désignation des guerres	Commencement des temps de guerre	Fin des temps de guerre
France	2 décembre 1851	2 décembre 1851

L'année 1851 sera comptée comme bénéfice de campagne aux militaires qui, au 2 décembre 1851, se trouvaient dans les localités où des troubles ont éclaté, ou qui y ont été appelés à cette occasion.

Ironie! L'histoire d'un crime, se *parachève*. La République fait, aujourd'hui, des pensions, aux assassins des hommes libres qui l'ont défendue, jusqu'à la mort.

Mais alors, se pose une question inéluctable. Est-ce, à l'égorgement systhématique des peuples, au crime triomphant, au règne de la soldatesque que tend l'humanité?

Certainement non. Le seul maître légitime de l'homme est le travail, sa grande Loi est la Fraternité.

---

(1) *Aurore* du 29 Avril 1900.

Il ne saurait donc exister de Frontières, qu'entre les opprimés et les oppresseurs ; l'iniquité et la souffrance sont un même drapeau, pour la multitude des déshérités, des parias et des gueux, qui gémissent d'un continent à l'autre, et dont la misère n'a pas de patrie.

Il faut, que la pensée, qui n'a pourtant cessé de veiller, se lève avec plus de hardiesse, que les hommes fiers et libres dépouillent tout respect humain, qu'ils brisent l'idole mensongère et criminelle, symbole de la vieille barbarie, et que le dogme du patriotisme aille rejoindre dans l'horreur du passé, le dogme religieux.

A la formule : Tous soldats ! opposons la devise : *Travail et Fraternité !*

IV

Notre Patriotisme

Nous sommes donc des sans-patrie ? Oui, si la patrie signifie seulement le territoire et les intérêts matériels, qui y sont attachés, si elle est limitée à une question de race et de nationalité, et si elle a pour symbole le sabre.

Défendre le sol pour le sol, cela n'est d'aucun intérêt pour le peuple qui souffre et qui tout compte fait, n'a pour lot qu'un labeur dur et mortifiant, sans avoir de jouissances. Quels que soient les hasards de la conquête, qu'il reste français ou devienne saxon et même cosaque, l'homme peut rester attaché à sa terre autant qu'il le désire, et y continuer sa vie de misère et de fatigue. L'attachement au foyer n'implique pas l'esprit de sacrifice pour sa défense, puisque dans nos guerres modernes, le vaincu n'est plus la rançon du vainqueur, ne tombe pas dans l'esclavage, et que ses moyens de travail restent sensiblement les mêmes. Alors, pourquoi défendre cette chose matérielle qui ne subit aucune atteinte ?

Pour un changement d'étiquette ! Cela n'en vaut pas la peine.

Mais nous avons une conception plus noble et plus élevée du patriotisme.

Fils de 89, nous ne pouvons oublier, que dans le long et pénible effort que font les peuples, pour remonter à la Lumière et à la Justice, la France a toujours marché à leur tête. Elle est la *Fille aînée* (1) de *la Révolution, le Messie Rouge* qui conduira l'humanité dans le royaume de la *Justice* et de l'*Égalité Sociale.*

---

(1) C'est au chant de reveil du vieux coq gaulois que commencera la Révolution Sociale. »   KARL MARX.

A ce titre, notre amour aveugle, passionné, lui est acquis, et nous pouvons dire avec orgueil : « Si je n'étais français, je voudrais l'être. »

Mais rien ne vient ternir la pureté de ce culte : aucun sentiment de haine ne s'y allie. Nous sommes de la patrie française, mais nous aimons l'humanité. Pour nous, le patriotisme sans humanité, est plus qu'immoral, il devient un crime.

Notre idéal n'est pas l'armée française, enseignes déployées, portant l'extermination chez ses voisins, pour la satisfaction bestiale de planter son drapeau sur les capitales. C'est l'épanouissement du génie français, brisant les entraves des cerveaux et des cœurs, et conviant les peuples à son ardent foyer de *Justice* et de *Vérité*.

V

Gloire Militaire !

Mais la réalité est, que cet amour simple et naïf du peuple, pour le sol natal, a été exploité par la bourgeoisie. Devenue cosmopolite, et n'ayant d'autre culte sincère que le veau d'or, elle a trouvé cette suprême habileté : Maintenir son pouvoir, en en confiant la garde au peuple qui en est victime.

Au nom de l'intérêt suprême de la patrie, elle a créé une armée formidable, de la France elle a fait une vaste caserne. A la tête, elle a placé des hommes tirés de son sein, nourris par son alliée l'Eglise, et le jour où sa suprématie serait en danger, elle provoquerait ce drame horrible de Français égorgeant leurs pères et leurs frères. Je le répète, les assassinats de Fourmies, de la Martinique, le crime de Châlons-sur-Saône dont le sang coule encore à l'heure où j'écris, attestent qu'une nouvelle semaine sanglante, ne pèserait pas beaucoup la conscience de la Bourgeoisie.

Et si cette armée, devenue la chiourme du peuple, est appelée à une guerre extérieure, ce n'est ni pour la défense du sol, ni pour le salut de l'Idéal. Les combinaisons politiques et financières, les raisons d'état plus ou moins louches, les vols, les ambitions, les trahisons se cachent sous ce patriotisme que l'on invoque aux yeux du peuple, pour lui prendre sa chair et son sang, après avoir exploité son labeur et sa sueur.

La guerre de 1870 et la campagne de Madagascar dont beaucoup de mères françaises portent encore le deuil, protestent contre ce mensonge qui aveugle les foules. Le drame qui se déroule au Transvaal devrait nous guérir du chauvinisme malsain, et le peuple français devrait profiter de la leçon de choses que lui donnent, en ce moment, les prolétaires anglais, allant asservir un peuple de travailleurs, comme eux, et se faisant massacrer, avec enthousiasme, pour la cupidité des capitalistes anglais.

Mais regardons-la, à travers sa gloire, cette brillante armée française.

Sous la Révolution, elle est réellement grande. Sortie du peuple, elle est l'âme de la nation. La noble et humaine figure de Hoche, écœuré de la guerre, parlant de briser son épée dès que la Révolution serait accomplie, nous dédommage des sinistres coquins, dont la gloire sanglante n'a d'égale que celle d'un Jack l'éventreur. Le soldat français est, à ce moment-là, « le libérateur du monde. » Il passe les Alpes, acclamé par l'Italie, qui lui ouvre ses bras. Il fallut un bandit comme Bonaparte, pour mépriser cet élan. Dans ces provinces fertiles, il ne vit qu'une proie : soldat de la Révolution, il trahit la mission que lui avait confiée le Directoire, l'émancipation de l'enthousiaste Italie. Et lorsque après avoir chassé les Autrichiens. il se dressa en conquérant. et voulut imposer un traité au peuple qu'il devait affranchir. Augereau, le soldat Jacobin, protesta au nom de l'armée : « Ah ! je comprends, vous voulez repousser l'Italie ! fermer les portes de Milan qui s'ouvraient d'elles-mêmes. et celles de tant d'autres villes qui nous appelaient. Écoutez-moi, j'ai servi en Italie, avant 89, et je la connais bien. Si par votre traité vous l'éteignez, vous manquez le moment. »

Ce bel et généreux exemple ne se retrouve plus dans nos annales militaires. Malgré les bulletins menteurs de la Grande Armée, l'esprit de conquête la souille désormais ; et du reste, les vols, les ambitions. les trahisons que nous connaissons aujourd'hui, forment ses seuls états de service et nous la rendent odieuse.

L'épopée impériale n'a été qu'un immense brigandage à travers l'Europe. Masséna volant six millions à la banque de Gênes, Lannes s'emparant du trésor de Notre-Dame del Pilar (4,687,949 fr.) éclairent singulièrement la gloire militaire du premier empire.

A Valladolid, devant le front des troupes, Napoléon apostropha le général Legendre.

« Ce n'est pas l'artillerie que vous vouliez sauver, ce sont vos fourgons, c'est à dire le produit de vos rapines.

Et pensiez-vous donner le change ? Si vous n'aviez pas tenu à l'or impur que charriaient vos fourgons, plus qu'à l'honneur, vous auriez compris ce que l'honneur commandait.

Mais vous n'avez plus été ni des français ni des généraux, vous n'avez été que des voleurs et des traîtres. »

Et plus tard à Ste-Hélène, le 3 Avril 1817, au moment pourtant où il devait réfléchir au jugement de l'histoire qui associerait son nom aux hontes et aux crimes de son armée, il ne craint pas de dire au général Montholon : « j'aurais pu faire fusiller tous mes généraux en chef. Il n'y en a pas un, qui ne l'ait mérité. C'est leur pillage, qui m'a fait perdre l'Espagne. »

Le témoignage est irrécusable. C'est le grand criminel qui juge ses complices.

La catastrophe de 1870 avec ses causes, exploitée cyniquement par nos grands patriotes, pour lancer la France dans de nouvelles aventures, nous édifie sur la légitimité du principe de la guerre que l'Eglise a l'impudeur de proclamer divin, et sur la vaillance de nos guerriers.

Les trahisons et les hontes, qui en émergent, sont si répugnantes et si nombreuses, que le souvenir en est plus pénible que nos désastres.

VI

L'Armée de la Troisième République

L'armée de la troisième République mérite une mention spéciale. Pour laisser toute leur autorité aux témoignages et aux documents que je vais citer, je m'abstiendrai d'intervenir, laissant la parole aux personnes qualifiées, pour éclairer le lecteur.

Le Figaro a reproduit en avril dernier, une étude de M. Villebois-Mareuil sur la loi du recrutement de 1889, étude qui avait déjà paru dans le correspondant, au moment où le Colonel était encore en activité de service..

.... « Comment les généraux qui siè-
« gent au Conseil supérieur de la guerre n'en ont-ils
« pas démontré l'inanité et le danger. Comment ont-
« ils laissé se propager cette funeste erreur, que le
« nombre tenait lieu de tout, qu'il devenait l'unique
« et indispensable facteur des guerres à venir?
« Comment ont-il prêté leur complicité à ce ministre
« qui n'était pas des leurs, pour assurer le triomphe
« d'idées qu'ils réprouvaient. C'est qu'ils étaient
« atteints du mal dont souffre leur temps : cette
« abdication des consciences qui les met à l'encan du
« plus offrant : c'est que les convictions s'inclinent
« devant les intérêts, que les faveurs s'achètent par
« la soumission.

....

« C'est avec le général Boulanger que de nouvel-

« les habitudes ont pénétré les milieux militaires ;
« c'est lui qui a ouvert le temple aux vendeurs ; le
« cabinet du ministre s'est transformé en agence
« de presse, les renseignements d'ordre confidentiel
« sont devenus matière à réclames, et le scandale
« de certaines influences politiques ou étrangères,
« n'a rencontré que la soumission des bureaux. Et
« lorsqu'il a été prouvé que les choses marchaient
« dans l'armée par la politique et les journaux, les
« malins n'ont pas perdu leur temps.

. . . .

« En résumé, les armées type national ne sont un
« progrès, ni dans la marche de l'humanité, ni dans
« la conception de l'art de la guerre. Elles sont au-
« dessus des efforts budgétaires de n'importe quel
« état, et leur coûteux entretien, s'il alimente les
« fortunes invraissemblables de certains financiers,
« n'est même pas une rémunération pour la produc-
« tion nationale. Aussi la conflagration générale
« dont on parle depuis si longtemps, si elle vient à
« se produire, en manquera indubitablement la fin.
« Devons-nous poursuivre l'expérience jusques-là :
« est-il plus sage de la suspendre, c'est toute la
« question. La réponse ne serait pas douteuse. »

La réponse n'est, en effet, pas douteuse. Il est
temps que le peuple mette fin à cette odieuse farce
qu'est l'armée. Et ce n'est pas du massacre général
qu'il doit attendre le remède ; c'est dans sa volonté
consciente qu'il le trouvera.

Le 27 mai 1898, dans une lettre au capitaine Ver-
dier, auteur de « l'Esprit militaire », et rendue pu-

blique à sa mort, le colonel de Villebois-Mareuil écrit encore :

« Je viens de finir votre « Esprit Militaire ».

« Hélas tout y est profondément vrai.

« *La nullité et l'égoïsme jouisseur* en font tous les « frais.

« Il est certain, que si j'ai quitté l'armée à 48 ans, « proposé pour général, c'est que *vraiment les galons* « *n'en valaient plus la peine...*

« Quant à changer ces abus, nul n'y réussira qu'un « chef et il lui faudrait une activité endiablée... C'est « par *la tête* qu'il faut réformer notre armée, et nul « n'en a l'énergie ou l'autorité.

M. de Villebois-Mareuil était-il donc vendu au syndicat de trahison ?

Les personnes de bonne foi, et même celles de mauvaise foi, méditeront sur ces paroles d'un soldat, — tué au Transvaal, pour une bonne cause, — à qui les nationalistes vont élever un monument, et dont le cercueil a servi de tremplin à leur charlatanisme.

Mais, si l'esprit militaire est égoïste, jouisseur et nul, que sont donc ses instincts. Les expéditions lointaines leur donnent depuis trente ans libre cours, et l'histoire de nos guerres coloniales provoquées par la rapacité des bourgeois capitalistes qui ont mis la main sur la nation, sera le complément hideux de nos annales militaires.

Il faut entendre le grand justicier, M. Urbain Gohier, marquant au fer rouge, tous les criminels galonnés. Le courageux auteur de *L'Armée contre la Nation* (1) qui a eu le grand honneur d'accumuler sur sa tête, les haines et les colères de la « valetaille césarienne », reprend dans un article « Nos Crimes », du 5 mars 1900, la série des ignominies qui se commettent contre des populations sans défense « à l'ombre du drapeau tricolore » sous prétexte de civilisation. Attila et les Huns ne sont que des images, bien pâles, de nos conquérants fin de siècle. »

Si le silence est savamment organisé autour des atrocités qui souillent le drapeau français en Indochine et dans tout le Soudan, il est mieux organisé encore autour des atrocités qui déshonorent la France à Madagascar.

. . . .

De tels incidents justifieraient toutes les inquiétudes. Or ils sont bien futiles à côté des crimes que les militaires commettent par cupidité, par ambition professionnelle ou par sadisme.

Nous les avons vus travailler au Soudan : nous avons vu les Chanoine, les Voulet, les Marchand, couvrir le continent africain de ruines et de cadavres. Hier encore, *l'Indépendance Belge*, publiait le témoignage du maréchal des logis Toureau,

____

(1) L'Armée contre la nation a donné lieu à des poursuites devant la cour d'assises de la Seine M. Gohier a été acquitté. L'Armée contre la nation et les Prétoriens et la Congrégation devraient être les livres de chevet des citoyens qui aspirent à l'affranchissement.

que l'**Aurore** a reproduit, sur les exploits de la
mission Voulet-Chanoine, après la mort de ces
deux bandits. »

« Dans un village au delà de Say, un blanc avait
« été reçu à bras ouverts. Il y revint après le passage
« de la mission. Le chef craintif, le reçut bien encore,
« mais il lui dit :

« Toi tu es un ami. Mais viens voir ce que les
« blancs ont fait. Il le conduisit en dehors du village
« La fraction de la mission qui avait séjourné là,
« avait été bien reçue. Le lendemain de nombreux
« porteurs ayant été demandés, tous les hommes va-
« lides s'enfuirent dans la brousse; les vieillards, les
« femmes et les enfants seuls restaient. On les fit tous
« sortir, et après les avoir fait placer sur un rang,
« des feux de salve les abattirent jusqu'au dernier.

« L'ami du chef noir put compter dans ce charnier
« cent onze cadavres, couchés côte à côte en une
« longue et sinistre ligne »

« Cent onze vieillards, femmes, enfants, assassinés
« de sang froid par les soldats de la France,
» parce que les hommes n'ont pas voulu se faire
« esclaves des envahisseurs....

« La déposition du sous-officier Toureau rappelle
« d'ailleurs de très près, les dépositions des sous-
« officiers de la mission Marchand. Tous ces
« égorgeurs se valent ; rien n'est plus fou que de

« vouer les uns à l'infamie, quand on décerne aux
« autres l'apothéose.

« Eh! bien, tous les forfaits accumulés au
« Soudan par nos militaires, et que M. Paul Vigné
« d'Octon a si courageusement dénoncés, ont été
« dépassés par un seul des forfaits commis à
« Madagascar. C'est encore M. Paul Vigné qui le
« raconte dans le dernier numéro de la **Revue**
« **des Revues**. J'avais résumé cette histoire ef-
« frayante ici-même, il y a quelques mois : M. Paul
« Vigné fournit les détails, dates, circonstances,
« noms des acteurs.

« Le commandant Gérard, depuis Lieutenant
« Colonel, chef d'état-major du général Galliéni,
« avait décidé de faire campagne contre les Saka-
« laves d'Ambiko et d'y récolter de l'avancement.
« Or, les Sakalaves d'Ambiko étaient tout acquis à
« la France par les soins de M. Samat, agent ma-
« ritime »

« M. Samat se rendit à Ambiko ; l'enseigne de vais-
« seau Blot (commandant la canonnière la *Surprise*)
« et quelques marins s'y rendirent en même temps
« que la Tsiribihine. Le roi Touère offrit une hospi-
« talité empressée à ces messieurs, aux marins, aux
« porteurs et domestiques indigènes qui les accompa-
» gnaient.

« Pleinement confiant dans son frère *Samat* il se
« concerta avec lui pour préparer une réception
« triomphale au commandant Gérard dont l'approche
« était annoncée ; afin de donner à l'événement
« plus d'importance et à la fête plus d'éclat, il appela à
« Ambike tous les notables du district et les plus
« considérables de ses voisins : ceux-ci vinrent avec
« leurs étendards et de nombreux musiciens jouant
« de la valibe et du tambour, remplissant la réunion
« d'entrain et de gaieté.

« Le matin du 29 Août, l'enseigne Blot et M. Sa-
« mat, apprenant que la colonne française n'était plus
« qu'à deux heures de distance, allèrent à son cam-
« pement ; ils pensaient rentrer le jour même à
« Ambike, et y laissaient leurs domestiques, leurs
« bourjanes, leurs bagages, leur petite installation.
« Ayant joint le commandant Gérard, ils lui dirent
« les excellentes dispositions du pays.

« Le commandant, comme s'il ne les eut pas com-
« pris, prévint l'enseigne qu'il aurait le lendemain,
« avec ses marins, à prendre part à l'attaque « le gé-
« néral Galliéni avait débuté en Imerne en frappant
« un grand coup ; le commandant Gérard voulait
« affirmer par un grand coup sa prise de possession
« du manabé.

« Blot et Samat se récrièrent, croyant à un malen-
« tendu ; alors le commandant réitéra son ordre d'un
« ton qui n'admettait pas de réplique ; en outre, il

« consigna au camp le négociant et l'officier de vais-
« seau, pour les empêcher de retourner à la ville et
« d'avertir la population. Un instant après, le roi
« Touère vient à son tour demander à présenter ses
« hommages; Gérard refusa de le recevoir, et lui fit
« dire : Je porterai moi-même mes ordres au chef-
« lieu.

« Au milieu de la nuit, les troupes se mirent en
« marche ; elles avancèrent à travers l s bois et les
« taillis épais qui précèdent Ambike, et l'investirent
« en silence ; l'artillerie occupa une position d'où elle
« pouvait, le cas échéant, le foudroyer. Au point du
« jour, par six côtés à la fois, on entre dans la ville
« endormie, les Sénégalais se ruent dans les maisons,
« le massacre commence. Surprise sans défiance,
« sans moyens de résister, la population entière est
« passée au fil des baïonnettes. Pendant une heure,
« ceux qui n'avaient pas été tués du premier coup,
« cherchent à fuir ; traqués par nos compagnies noi-
« res, on les voit vêtus de leur sang ruisselant des
« blessures fraîches, courir affolés, atteints et frap-
« pés de nouveau, trébuchant sur les corps de leurs
« camarades ou allant donner contre les armes im-
« pitoyables des réserves portées aux issues.

« Le roi Touère, les personnages de marque,
« tous les habitants tombèrent sous les coups des ti-
« railleurs dans cette matinée ; les tirailleurs n'avaient
« ordre de tuer que les hommes, mais on ne les retint

« pas: enivrés de l'odeur du sang, ils n'épargnèrent
« pas une femme, pas un enfant. Les domestiques et
« les porteurs de M. Samat confondus parmi les
« habitants, partagèrent leur sort.

« Quand il fit grand jour, la ville n'était plus qu'un
« affreux charnier dans le dédale duquel s'égaraient
« les Français, fatigués d'avoir tant frappé. Un cer-
« tain nombre d'entre eux, se sentaient étouffer de
« honte ; c'étaient les marins de la *Surprise*, coau-
« teurs, malgré eux, du meurtre de leurs hôtes de la
« veille, et quelques officiers et soldats de troupes,
« habitués à la guerre cruelle, inégaux cependant au
« rôle qu'on venait de leur imposer.

« Les clairons sonnèrent le ralliement, les sous-
« officiers firent l'appel, nul des nôtres ne manquait.
« On se reposa, on mangea, des chants joyeux ne
« célébrèrent pas la victoire. Une boue rouge couvrait
« le sol. A la fin de l'après-midi, sous l'action de la
« chaleur, un petit brouillard s'éleva : c'était le sang
« des 5000 victimes, l'ombre de la ville qui s'évaporait
« au soleil couchant. Quand les ténèbres du soir fu-
« rent tombées, des gémissements exhalés des lèvres
« des rares blessés qu'on avait mal achevés, sortirent
« de dessous les tas de cadavres ; un français croyant
« suffisante l'exécution déjà accomplie, demanda
« l'autorisation de secourir ceux qui vivaient encore,
« il ne l'obtint pas ; et les derniers moururent dans
« la nuit.

« Cette action égale en horreur n'importe quel
« trait de l'histoire militaire. Le monstre qui l'a
« commise, l'officier français Gérard, n'était pas à
« son coup d'essai. Vingt fois, les journaux ont
« rapporté qu'il avait fait traîner à sa chambre, la
» femme d'un des ministres hovas, assassinés par
« ordre de M. Galliéni, le soir même de l'exécution
« de son mari....

« Avec une modération extrême, M. Paul Vigné
« proteste que de tels crimes ne déshonorent que
« leurs auteurs.

« Non.

« De tels crimes déshonorent le chef qui les
« ordonne, déshonorent les misérables soldats qui
« s'en font les instruments, déshonorent l'armée
« qui ne vomit pas les soldats et le chef coupable.

« De tels crimes déshonorent le pays qui les
« couvre de son drapeau, qui essaye de les ense-
« velir sous le silence, et qui en acclame effronté-
« ment les auteurs. »

De tels crimes déshonorent même l'humanité et la
dégradent.

De l'affaire Dreyfus, nous ne dirons qu'un mot ;
ce sera pour nous réjouir qu'elle ait éclaté. Cet amas
de hontes et de forfaitures étalées en pleine lumière
au cours de ces trois dernières années, a donné à notre armée, dite nationale, son véritable sens dans

notre démocratie. Une seule douleur nous en reste. De nombreux officiers démocrates, aucun n'a eu le courage et le mérite de rompre toute solidarité avec la tourbe prétorienne, qui détient le pouvoir militaire. Ayant eu à choisir entre l'honneur d'acclamer l'honnête et courageux colonel Picquart, et la honte de se grouper autour d'un Mercier, ils ont montré une âme aussi corrompue que les Kaiserlicks, dont ils sont devenus les valets.

Ils auront infligé cette suprême humiliation à la démocratie qui comptait sur eux, mais leur trahison sera une leçon salutaire.

———

Les journaux ont publié le 10 juin, une nouvelle qui a peut-être passée inaperçue, mais qui a bien sa caractéristique :

« On sait que Bernadotte commanda le 36e d'infanterie dont il fut le colonel. Ce régiment étant actuellement en garnison à Paris, l'autorité militaire par une *attention délicate*, a décidé que la garde de l'hôtel de l'avenue du Bois de Boulogne serait confiée au *régiment illustré par le grand-père* du roi de Suède et de Norwège. »

Le colonel français fut un traître. Avant de devenir Charles XIV, Bernadotte passa dans les rangs des alliés où il combatit contre son pays. Je ne compte du reste pas ses trahisons, qui ont précédé cette dernière et suprême trahison. Aujourd'hui il illustre l'armée française !

Pendant ces trois dernières années, l'armée nous aura donné un spectacle bien singulier.

Elle a acclamé un bandit, elle s'est solidarisée avec des officiers indignes, elle canonise maintenant un traître.

Comme enseignement, c'est parfait !

Et c'est logique !

Pour que la leçon soit plus salutaire, le colonel du 36e a l'obligation de faire lire au rassemblement des compagnies de son régiment, les états de services de son prédécesseur, le colonel Bernadotte, devenu maréchal de France et traître à son pays, par jalousie, par ambition et par cupidité.

Mais qu'en pense M. Waldeck-Rousseau qui du haut de la tribune du Sénat, avec les accents d'une grande éloquence a châtié le général Mercier en le vouant au mépris de l'Histoire ?

Et qu'en pense le général-sénateur ?

Certes, il doit bien se moquer du jugement de la postérité, cet homme qui a écœuré le pays par son impudeur et son cynisme. Même si le général Mercier veut se fortifier dans son mépris du jugement de l'histoire, il peut aller à Reims ; il verra sur une place publique, la statue de l'immonde Louis XV, avec une large inscription annonçant à toute la terre

que ce monument « est le gage de l'éternel amour
et de l'éternelle reconnaissance des Français pour
le meilleur des rois. »

Et le peuple est satisfait ; il vit de mots. Il vit
aussi de réalités et de réalités bien amères !

Les malheureux enfants qui formeront le prochain
convoi pour Biribi, en savent quelque chose. Ils ne
sont coupables que d'un geste imprudent, d'une
parole un peu vive : ils n'ont pas commis de crimes
assez grands pour illustrer leurs régiments. Ils
échappent donc au jugement de l'histoire ; mais ils
n'échappent pas aux bagnes militaires et agrémentés
du silo, de la crapaudine, et le peloton d'exécution
les guette.....

VII

Le Civisme, Religion du Peuple

Il est donc incompréhensible, que le peuple paisi-
ble, ne vivant que du dur labeur, s'obstine à entrete-
nir dans son sein une armée oisive, avide de tueries,
qui est un danger permanent pour les faibles liber-

tés qu'il a acquises au prix de son sang, et qui se dressera toujours menaçante de baïonnettes entre lui et son Idéal qu'elle méprise.

Les deux complots tramés contre la République, la Boulange et le nationalisme, n'ont d'autre cause que l'organisation actuelle de l'armée.

Il est utile de relire les appels à l'insurrection lancés pendant ces trois années par la canaille césarienne qui a fait surgir entre l'armée et la nation, un antagonisme tel, que l'une ne vivra désormais que par la mort de l'autre.

Le 8 décembre 1898, le marquis de Rochefort (1) donne le signal dans l'*Intransigeant*, organe du mensonge :

« L'armée qui a été instituée pour nous défendre en cas d'agression, va-t-elle continuer à recevoir sans se rebiffer les assiettes que les vieux chauves de la Cour suprême s'amusent à lui casser sur la tête.

Parole d'honneur ! je n'aurais jamais cru l'armée si bon enfant. »

---

(1) Je me trompe, l'honneur du premier appel à l'assassinat ne revient pas au marquis de Rochefort. Il va de droit à l'Eglise. En effet, au mois de juillet 98, à la distribution des prix du collége d'Arcueil dirigé par les jésuites, le pére Didon poussa le cri séculaire de l'Eglise, en présence du général Jamont qui présidait la cérémonie : « Malheur à ceux qui laissent le glaive s'émousser !... Il faut s'armer de la force coercitive, brandir le glaive, terroriser, couper des têtes ! Il faut même au prix du sang, mater les prétentions du civilisme qui veut se subordonner le militarisme.

Et le lendemain, le mot d'ordre étant donné, la série commence.

L'intransigeant encore :

« Quant à l'armée gardienne de l'honneur et des frontières de notre pays, elle me fait l'effet, qu'elle me permette de le lui dire, de « flancher singulièrement ». Recevoir sur la tête, en même temps que le discours de l'ambassadeur d'Angleterre, l'arrêt de la cour de cassation innocentant, au nez et a la barbe de la justice militaire, un officier convaincu de faux, c'est peut-être plus que l'Europe ne la supposait capable. »

La Libre parole, journal des bonnes âmes:

Nous ne demandons pas à l'armée, un coup d'état qu'elle ne saurait pour qui faire dans l'instant. Les circonstances pourront y aider dans l'avenir : mais sacrebleu ! que les officiers montrent au moins à titre individuel, un peu d'initiative. Comment deux ou trois d'entre eux n'ont-ils pas déjà châtié les chefs de cette bande de cosmopolites vendus ? Ce n'est pas trop demander. Cela nous encouragerait.

Le ridicule Millevoye proclame dans ***La Patrie :***

Généraux et patriotes, officiers et citoyens, peuple et soldats sont solidaires de cette honte suprême. L'heure historique est venue. Répondez généraux, officiers, soldats de France, qui ne consentiriez pas à déposer dans les antichambres de la trahison, le drapeau de Valmy et de Iéna.

Le motif de ces colères et de cet égarement, est la cour de cassation, restant debout dans l'avilissement général et sauvant du grand naufrage des consciences, quelques épaves de la justice.

Il ne manque que le *Petit Journal* dans ce chœur de sauvages; mais lorsque les Saxée, les Metzinger, les Hardschmidt, entrent en lutte ouverte contre la nation, Judet, le déterreur de cadavres écume :

L'opinion espère qu'ils auront des imitateurs. Ils sont strictement dans le devoir, car nous le répétons la charte de l'armée a été violée par le pouvoir indigne de ce nom. Les officiers, exaspérés de tant de scepticisme et de manque d'énergie, n'ont plus qu'une ressource, celle de se défendre eux-mêmes.

Ils ne peuvent sans se perdre, sans nous perdre tous, pousser plus loin les bornes de la résignation. Ils usent simplement de la loi réelle; ils sont dans les termes de leur contrat. Ils ont même attendu bien longtemps. Tant que l'État ne prendra pas une meilleure attitude, ne fera pas son métier, il faut qu'ils continuent. Ils continueront.

Ils continuèrent en effet. Les séditions se multiplièrent, le général de Négrier organisa la grande révolte et le corps des officiers n'attendit que le signal pour égorger les républicains.

Et lorsque après le coup Roget abandonnant à dernière heure son complice Déroulède, — pour suivre son cheval, — Sébastien Faure s'adressa au peuple soldat : « si vos généraux complices des prétendants, vous ordonnent de mitrailler le peuple, souvenez-vous que vos armes ne vous ont point été remises pour commettre un pareil crime. N'obéissez pas. » Il y eut un gouvernement républicain, le ministère Dupuy qui ordonna des poursuites contre le *Journal du Péuple*.

Il faut donc, que le peuple s'inspire de cette vérité morale, qu'une démocratie, libre et digne de ce nom doit repousser le double fléau de la guerre et du militarisme. Qu'il refasse son éducation, sa mentalité et qu'il cherche, ailleurs que sur les champs de bataille, les héros dignes de son admiration.

En somme, les Socrate, les Phocion, les Galilée, les Christophe Colomb, les Washington honorent l'humanité ; les Turenne, les Napoléon, voire même les Marchand la dégradent. Les conquêtes de l'esprit humain sont seules durables et seules dignes d'exciter l'orgueil et l'admiration d'une démocratie consciente de ses destinées. Il ne devrait pas y avoir de petit hameau qui n'ait, inscrits, en lettres d'or, sur ses murs, les noms des bienfaiteurs de l'humanité même les moindres.

Nous avons assisté, il y a cinq ans, à la mort de

Pasteur, presque au milieu de l'indifférence publique, et nous entendions encore les acclamations populaires accueillant le retour de soudards égorgeurs de nègres.

La Religion de Haine a gangrené la conscience. C'est elle qui a fait l'inquisition, la Saint-Barthélemy, qui tresse des couronnes aux grands assassins. Elle crie aujourd'hui : « Mort aux Juifs ! » Elle criera demain : « Mort aux hommes libres ! »

Le Civisme doit être la vertu du peuple et fera sa grandeur.

VIII

L'Aurore !

Victor Hugo, dont l'œuvre immense est un long cri d'humanité, saluant de l'exil en 1867, l'ouverture de l'Exposition, consacrait avec grandeur, la Sainteté de la Paix, et prédisait le règne prochain de la Fraternité Universelle :

Tu ne seras plus France, tu seras Humanité ; tu ne seras plus nation, tu seras ubiquité. Rien n'es visible à cette heure, comme l'effacement visible de la frontière. Résigne toi à ton immensité. Adieu, peuple ! salut, homme ! Subis ton élargissement fatal et sublime ó ma patrie. et de même qu'Athènes est devenue la Grèce. de même que Rome est devenue la chrétienté, toi France deviens le monde.

Trente ans se sont écoulés depuis ces paroles sublimes, et hier le gouvernement de la République Française inaugurant l'exposition qui marque la fin de ce siècle, proclamait devant le monde entier, par la bouche de son Président et de son Ministre du Commerce, les grands principes de Fraternité et de solidarité humaine.

Nous ne pouvons qu'applaudir à ce langage officiel auquel nous n'étions pas accoutumés. Nous l'acceptons, non comme une réalité. tout la démentirait, mais comme une espérance.

Le siècle qui s'en va, issu de la grande tourmente révolutionnaire, aurait pu réaliser de grandes choses. Malgré l'égoïsme, malgré la force et le mensonge qui se sont si souvent appesantis sur la pensée, il n'en aura pas moins posé les bases et les principes de la Société de l'Avenir que le XXe siècle inaugurera.

Et cette Exposition de 1900, splendide manifestation du Travail, mais devenue par l'usurpation le symbole du Capital, sera notre fête à nous les assoiffés de Justice et d'Idéal.

Elle marquera le terme, entre le passé et l'avenir, entre l'hiver et le printemps, entre la nuit et le jour. La vieille société croit voir dans cette mise en scène somptueuse, dans ces décors, dans ces illuminations, l'apothéose de sa force et de sa majesté. Illusion ! Ce sont ses funéraires qu'elle célèbre.

Comprend peuple, sois fort et grand, ta destinée s'accomplira. C'est l'idée lumineuse qui s'élève, l'aurore qui jaillit de l'horizon, éclairant la face belle et radieuse de la **Paix** qui planera quand même, lorsque tous ces décors ne seront que débris.

TABLE DES MATIÈRES

ERRATUM

Page 7, ligne 8 : ces dogmes, lire : ses dogmes.

» 7, » 28 : passé écoulé, lire : passé écroulé.

» 27, » 24 : portées aux issues, lire : postées
aux issues.

» 30, » 23 : Le Colonel, lire : Ce Colonel.

» 32, » 12 : n'échappent pas aux bagnes militaires et agrémentés, lire : n'é-
chappent pas aux bagnes militaires agrémentés.

» 39, » 27 : ses funéraires, lire : ses funé-
railles.